Alfred Winkelmann

Zur Vorgeschichte des Romzugs Ruprechts von der Pfalz

Alfred Winkelmann

Zur Vorgeschichte des Romzugs Ruprechts von der Pfalz

ISBN/EAN: 9783743624924

Hergestellt in Europa, USA, Kanada, Australien, Japan

Cover: Foto ©ninafisch / pixelio.de

Manufactured and distributed by brebook publishing software (www.brebook.com)

Alfred Winkelmann

Zur Vorgeschichte des Romzugs Ruprechts von der Pfalz

Zur Vorgeschichte des Romzugs

Ruprechts von der Pfalz.

Inaugural-Dissertation

zur

Erlangung der philosophischen Doctorwürde

vorgelegt

einer hohen philosophischen Fakultät zu Heidelberg

von

Alfred Winkelmann

aus Heidelberg.

Innsbruck.
Wagner'sche Universitäts-Buchhandlung.
1892.

Druck der Wagner'schen Univ.-Buchdruckerei.

Lebenslauf.

Ich, Alfred Eduard Ernst, wurde am 17. Dezember 1869 zu Bern geboren, als der Sohn des damals in Bern, seit 1873 in Heidelberg als Professor der Geschichte wirkenden Dr. Eduard Winkelmann. In Heidelberg, meiner eigentlichen Heimat, absolvierte ich 1887 das unter Leitung des Herrn Direktors Uhlig stehende Gymnasium, um mich W. S. 1887—88 an der Universität zu Heidelberg immatrikulieren zu lassen und daselbst, nach Abdienung des Militärjahres, dem Studium der Philologie und Geschichte zu widmen. Nach einjährigem Besuche der Universität zu Berlin kehrte ich zur Beendigung meiner Studien nach Heidelberg zurück. Neben historischen Vorlesungen bei den Herren v. Domaszewski, Erdmannsdörffer, Löwenfeld, Scheffer-Boichorst, v. Treitschke, Winkelmann, und philologischen bei den Herren Braune, Curtius, v. Duhn, Hübner, Köhler, Osthoff, Rhode, Schöll, Vahlen, Zangemeister, hörte ich solche auf dem Gebiete der Philosophie (Dilthey, K. Fischer, Paulsen, Zeller), der Geographie (v. Richthofen), der Jurisprudenz (Bekker, Schröder), und der National-Oekonomie (Schmoller). Meinen ganz besonderen Dank muss ich an dieser Stelle aussprechen für die Erlaubnis der Teilnahme an den philologischen Uebungen der Herren Brandt und Vahlen, und den historischen der Herren v. Domaszewski, Erdmannsdörffer, Scheffer - Boichorst und Winkelmann.

Die Zulassung zur Doktor-Prüfung erhielt ich auf Grund vorliegender Arbeit, welche nur der erste Teil einer gleichzeitig erscheinenden Abhandlung „Der Romzug Ruprechts von der Pfalz" (Wagner'sche Universitäts-Buchhandlung, Innsbruck 1892) ist, auf welche ich bezüglich der in Dissertation zitierten Quellenbeilage verweisen muss.

Heidelberg, April 1892.

I. Einleitung.

§ 1. Italien in den Jahren 1385—1400.

1385 war es Giovanni Galeazzo Visconti gelungen, durch den Sturz seines Oheims Bernabo und Vertreibung seiner Söhne dessen Gebietsteile mit den seinigen zu vereinigen[1]), und so in Oberitalien eine dominierende Stellung einzunehmen. Diese Uebermacht bildete eine anhaltende Gefahr für die Mailand benachbarten Staaten der della Scala in Verona und Vicenza, der Carrara in Padua, der Gonzaga in Mantua, der Este in Ferrara, und auch für Florenz, welches durch die Versuche Mailands, auch in Toscana festen Fuss zu fassen, bedroht war. Was war also natürlicher, als dass diese Staaten sich zu Bündnissen zusammenschlossen, um einem weiteren Umsichgreifen Mailands Einhalt zu gebieten? Diese einzig mögliche Politik des Bundes der schwächeren gegen den mächtigen hatte in dem Augenblicke ihre Bedeutung verloren, als es dem diplomatischen Geschick Galeazzos gelang, Unfrieden im Lager der Verbündeten zu stiften: Francesco da Carrara, Reichsvikar zu Padua, erklärte Antonio della Scala von Verona den Krieg, in dessen Verlaufe Galeazzo auf die Seite Paduas trat: ihrem doppelten Angriffe konnte Verona nicht widerstehen: es öffnete Galeazzo die Thore, während nach der Vereinbarung, Vicenza dem Herrn von Padua zufallen sollte. Geschickte Intriguen Galeazzos jedoch vermochten nun auch die Bürger von Vicenza zu bestimmen, ihm von dem sie mehr Schutz erwarten konnten, die Herrschaft über die Stadt anzubieten.

---

[1]) Corio, storia di Milano, p. 258. (Die neue Auflage war mir nicht zugänglich).

Galeazzo war nicht gesonnen, zu Gunsten seines Verbündeten auf dieses Angebot zu verzichten, und besetzte die Stadt mit starker Truppenmacht.¹) Sofort suchte sich Francesco von Padua mit Waffengewalt in den Besitz des ihm aus der Beute bestimmten Teiles zu setzen: der Ausgang des Kampfes konnte nicht zweifelhaft sein, als sich Venedig mit Mailand zur Teilung des paduanischen Gebietes verbündete. Dieses erhielt Padua, jenes Treviso und die benachbarten Gebietsteile, womit es den Grundstein zu seiner Herrschaft auf der terra ferma legte, die ihm späterhin soviel Geld und Blut kosten sollte. Bei dem bedeutenden Machtzuwachs Mailands blieb Mantua, Ferrara und anderen kleineren Städten und Herren, um ihre eigene Existenz zu behaupten, nichts übrig, als sich dem Sieger durch Bündnisse zu verpflichten. Jene Ligen gegen Mailand waren jetzt zersprengt — in Italien selbst konnte man keine Hilfe gegen die drohende Alleinherrschaft Mailands finden: wie lange mochte es wohl noch dauern, bis auch Florenz seine Selbständigkeit verlor?

Da war es ganz natürlich, dass gerade Florenz seine Blicke nach dem Auslande richtete, und von dort die entscheidende Hilfe erwartete, um die mailändische Uebermacht zu brechen. Zu diesem Zwecke entschlossen sich die Florentiner, König Karl VI. von Frankreich die Signorie der Stadt anzubieten, womit dieser verpflichtet gewesen wäre, die Stadt gegen Uebergriffe der Nachbarn zu schützen, ohne aber eigentliche finanzielle Vorteile aus diesem Verhältnisse zu haben, da die kommunale Selbständigkeit auch in diesem Falle in vollem Umfange gewahrt blieb. Karl VI. wies den wenig vorteilhaften Antrag ab; er war nicht geneigt, Florenz zu liebe mit dem mächtigen Mailand zu brechen, mit dem gerade jetzt enge Familienbeziehungen geschlossen wurden, indem der Bruder des Königs, Ludwig von Orleans, die Tochter Galeazzos Valentina als Gattin heimführte.

Mehr Erfolg hatten die Hilfsgesuche der Florentiner in Deutschland; hier benutzten sie geschickt die Feindschaft zwischen dem Wittelsbachischen Hause und Galeazzo, die seit dem Sturze Bernabos, des Schwiegervaters der Herzoge Stephan und

---

¹) Corio l. c. p. 264.

Friedrich von Baiern, entstanden war, und wussten Stephan zum Zuge nach Italien zu bewegen. Mit Hilfe Francescos II. von Carrara, dem Sohne jenes vertriebenen Francesco, und wohl auch in geheimem Einverständnis mit Venedig, das eine Schwächung des gefährlichen Nachbars auch nicht ungern sehen mochte, nahm er durch einen Handstreich Padua, in dessen Besitze sich von nun an Francesco mit Erfolg behaupten konnte. Weitere Unternehmungen wurden durch die plötzliche, wohl durch Geldmangel verursachte Rückkehr Stephans vereitelt. Immerhin war hiermit wieder ein Zusammenschluss der Liga erreicht, während andererseits Galeazzo durch harte Steuern, Münzmanöver u. s. w. seine Kassen neu zu füllen begann, um die erlittene Einbusse gut zu machen. Das drohende Unheil sollten jetzt wieder ausländische Hilfsvölker abwenden; florentinischen Gesandten gelang es, einen Grafen von Armagnac, der mit seiner compagnia in Spanien und Frankreich viel gekämpft hatte, aber jetzt unbeschäftigt war, unter grossen Versprechungen zum Kampfe gegen Mailand zu gewinnen. Aber auch dieser Versuch scheiterte. Bei Alessandria verlor der Graf von Armagnac gegen die trefflich geschulten mailändischen Söldnertruppen Schlacht und Leben. Man kann sich so recht, trotz dieses Misserfolges, die Freude der Florentiner vorstellen, dass sie dem Grafen nur zum Teil ihrer Versprechungen nachgekommen sind, da er nun doch nichts ausrichtete[1]). Wie viel Aehnlichkeit hat dieser Zug mit dem König Ruprechts?

Nach längerem, wechselvollem Kampfe schlossen die Parteien, 1392, auf Grund des status quo einen Frieden, wonach Mailand im Besitze der durch die Beherrschung der Alpenpässe wichtigen Städte Belluno, Cividale und Bassano blieb.

Die nun folgende Friedenszeit benutzte Galeazzo, um auf diplomatischem Wege seine Herrschaft auszudehnen. Da war vor allem Genua; durch andauernde innere Parteiungen bewogen, trug es sich mit dem Gedanken, einer fremden Macht die

---

[1]) Corio, l. c. p. 270: et gli fu mandato gran quantita di danaro, mas pui furono le promesse, che gli ferero per incitarlo contra di Giovan Galeazzo.

Signorie der Stadt anzubieten, wobei eigentlich nur Mailand und Frankreich in Betracht kommen konnten. Nach diesen beiden teilte sich auch die Stadt in zwei fast gleich starke Lager, ohne dass das eine so stark gewesen wäre, Umtriebe des anderen mit Erfolg zu verhindern. Einen Ausweg glaubte man gefunden zu haben, als man Florenz ersuchte, die Signorie zu übernehmen. Wohl bewusst der schwierigen Aufgabe, deren Lösung bevorstand, lehnte Florenz den Antrag ab, und verwandte nun seinen Einfluss zu Gunsten Frankreichs, indem es so hoffen konnte, dieses mit Mailand in dauernden Gegensatz zu bringen, und zum Anschluss an die Liga zu bewegen. 1396 nahm Karl VI. den Antrag an, und noch in demselben Jahre trat er der Liga bei[1]).

So aussichtsreich auch diese politische Configuration für Florenz zu sein schien, so hatte sie doch keinen dauernden Erfolg: Karl VI. verfiel bald darauf dem Wahnsinne[2]), während dessen sich am königlichen Hofe die entgegengesetzten Tendenzen bekämpften. Die mailändische Partei vertrat Herzog Ludwig von Orleans, Galeazzos Schwiegersohn, was Grund genug war für Herzog Philipp von Burgund, um sich auf die Seite von Florenz zu stellen. Je nach dem nun die eine oder andere Partei am Hofe an Einfluss gewann, schwankte die französische Politik hin und her. Auf sie konnte sich Florenz nicht mehr verlassen; es sah sich genötigt, andere auswärtige Unterstützung zu erlangen.

Schon 1395 hatten die Florentiner Gesandte nach Deutschland geschickt, um wenn irgend möglich König Wenzel zu Schritten gegen Giovanni Galeazzo zu bestimmen, dessen rechtliche Stellung einzig auf dem Reichsvikariat von Mailand[3]) beruhte. Jederzeit, sobald sich der Vorwand einer Untreue finden liess, konnte ihm vom König das Amt genommen werden[4]). Und wieviele Uebergriffe zum Schaden des Reiches hatte sich Galeazzo zu schulden kommen lassen! Diesem blieb die

---

[1]) Lünig, cod. diplom. Ital. II. p. 1093. Corio, l. c. p. 276. Scipione Ammirato, istorie fiorentine. Pars. III. tom. IV. p. 42.   [2]) Corio, l. c. divenne pazzo.   [3]) Sickel, Das Vikariat der Visconti. 1859.   [4]) Lindner Wenzel II. p. 329, nt. 3.

grosse Gefahr, welche seiner rechtlichen Stellung bei einem Gelingen der florentinischen Bemühungen drohte, nicht verborgen. Sogleich schickte auch er eine Gesandtschaft, an deren Spitze Pietro di Candia, ein sehr geschickter Diplomat, — der nachmalige Papst Alexander V. — stand, an König Wenzel ab. Dieser brachte es nicht allzu schwer dahin, dass die Gesandten der Florentiner das Feld räumen mussten[1]). War zwar hiermit die nächste Gefahr beseitigt, so konnte doch dieselbe stets wieder eintreten. Es musste also dem Reichsvikare alles daran gelegen sein, seine bisherige Stellung mit einer anderen unabhängigeren, die nebenbei auch mehr seiner gesteigerten Macht entsprach, zu vertauschen, das heisst, seine Erhebung zum Herzog von Mailand zu erwirken, um auch durch den Titel die Uebermacht über die anderen Reichsvikare zum Ausdruck zu bringen. Nach längeren Verhandlungen, bei denen sicher die Geldfrage eine nicht unbedeutende Rolle spielte, erfolgte die Erhebung Mailands zum Herzogtume, und am 5. September 1395 die feierliche Belehnung in Mailand, bei der natürlich Giovanni Galeazzo den höchsten Prunk entfaltete[2]).

Es kann hier nicht der Platz sein, die Frage zu erörtern, ob Wenzel zu jenem Schritte berechtigt war oder nicht. Unzweifelhaft wurde der Einfluss des Reichs auf Mailand hierdurch gemindert. Sodann verlangte es die Gewohnheit, dass die Kurfürsten bei derartigen Verleihungen um ihre Zustimmung gebeten wurden. Aber wir sehen nicht, dass diese sofort ihren Widerspruch dagegen geltend gemacht hätten; und auch späterhin war es weniger die Thatsache als solche, sondern mehr, dass er Reichsrechte um schnöden Gewinn aufgegeben, was die Kurfürsten ihm zum Vorwurf machten[3]). Augenblicklich jedoch war noch keine Opposition gebildet, welche sich diese Angelegenheit hätte zu Nutzen machen können, wie denn auch in der nächsten Zeit Wenzel dem Herzoge noch weitere Vergünstigungen zugestand, was notwendigerweise die Verbindung beider zu einer immer festeren gestalten musste.

---

[1]) Corio, l. c. p. 273.   [2]) Corio, l. c. Storia di Goro Dati. Firenze. 1785. p. 51.   [3]) Lindner, l. c. p. 329 ff.

Die Politik der Florentiner hatte somit glänzend Fiasko gemacht: im Augenblick aber hatten sie nicht die Möglichkeit, gegen jene Vorgänge sich wenden zu können; sie machten gute Miene zu bösem Spiele, und sandten auch ihrerseits eine Gesandtschaft zu den Belehnungsfeierlichkeiten in Mailand[1]). Andererseits waren sie wachsamen Auges, jede Mailand oder Wenzel feindliche Stimmung zu nähren und auszunutzen.

§ 2. Italienische Einflüsse auf die Absetzung Wenzels.

Das Bemühen der Florentiner, in Deutschland Hilfe gegen Galeazzo, mithin auch gegen Wenzel, zu finden, trifft nun damit zusammen, dass sich in Deutschland allmählich eine starke Opposition der rheinischen Fürsten gegen Wenzel — einmal wegen dessen Haltung in der Schismafrage, dann wegen seiner ersichtlichen Begünstigung des reichsstädtischen Elements — zusammenfand. Jedoch kommt es hier nur darauf an, die Momente hervorzuheben, welche auf eine Einwirkung von italienischer Seite schliessen lassen.

Leider ist uns ein eigentlicher Abschied des ersten, der sich nun drängenden, von den rheinischen Kurfürsten einberufenen Fürsten- und Städtetage, des Frankfurter Tages im Mai 1397 nicht erhalten. Indess erscheint es jetzt nach einer Abhandlung Lindners[2]) als sicher, dass man sich auch hier schon zu einigen Beschwerdepunkten einigte, welche man in den Artikeln des Frankfurter Dezembertages[3]) Abschnitt 6 bis 9 findet. Insbesondere ist der Artikel 9ª „die fürsten begeren auch, das er sich des bonts mit dem von Maylant abthû", mit einiger Sicherheit als ein Beschluss des Maitages aufzufassen. Ob dieser Punkt der Einwirkung der Florentiner zu verdanken ist, oder nicht, lässt sich einstweilen nicht beweisen. Immerhin gestattet eine Notiz bei Scipione Ammirato, dass der Florentiner Tommaso Sacchetti nach Deutschland geschickt sei, um die Herzoge von Oesterreich zu einem Zuge nach Italien zu bewegen, dieser aber Ende Mai 1397 von dort unverrichteter

---

[1]) Goro Dati l. c. p. 51. [2]) l. c. Beilage XVIII. [3]) Weizsaecker, Deutsche Reichstagsakten (RTA.) III. nr. 9.

Dinge — jene mochten wohl nicht gern bei den drohenden Verwicklungen Deutschland verlassen, — nach Florenz zurückgekehrt sei, die Hypothese, dass der florentinische Gesandte irgendwie durch den Herzog Leopold von Oesterreich, der auf jenem Tage anwesend war, die Hand bei der Aufnahme des Artikels über das Mailänder Bündnis gehabt haben wird[1]). Es war also keine florentinische Gesandtschaft in Frankfurt, wenn man nicht etwa annehmen will, dass neben Sacchetti noch ein anderer in Deutschland gegen Mailand zu wirken beauftragt gewesen sei.

Immerhin wird der Aufenthalt Sacchettis in Oesterreich ihm insofern nützlich gewesen sein, als er so erkennen konnte, auf welche Weise der Zwiespalt im Reiche und die Feindschaft gegen Wenzel, den Gönner Galeazzos, von Florenz benutzt werden müsse. Seine daraufgehenden Ratschläge werden die Florentiner nicht unberücksichtigt gelassen haben, ohne dass wir sagen können, ob sie ihm durch Schreiben an die rheinischen Kurfürsten oder durch Gesandte nachgekommen sind.

Denn wir sehen bei den Ereignissen in Deutschland die italienischen Angelegenheiten immer mehr in den Vordergrund treten. Im Herbste 1397 hatte sich endlich König Wenzel aus Böhmen nach Deutschland aufgemacht, und einen Reichstag nach Frankfurt berufen: am 23. Dezember erschienen vor ihm die rheinischen Kurfürsten, und überreichten ihm ihre Beschwerden[2]). Und es ist hierbei merkwürdig zu sehen, wie sie sich bemühten, deren Zahl zu vermehren. Daneben ist es von hohem Interesse festzustellen, auf wen etwa die einzelnen Punkte zurückzuführen sein mögen. Art. 1, zeigt schon wegen der Bezeichnung Benedicts XIII. als des Widerpapstes den aus-

---

[1]) Auch nach dieser Gesandtschaft scheinen zwischen den Herzogen von Oesterreich und Florenz engere Beziehungen fortgedauert zu haben. Denn als schon in Italien die Nachricht von der Wahl Ruprechts eingetroffen war, handelte es sich im florentinischen Rate darum, ob man nicht bei dieser Gelegenheit eine offizielle Gesandtschaft nach Oesterreich schicken sollte. Der Antrag scheint zwar abgelehnt zu sein, aber immerhin zeigt er, welche Hoffnungen die Florentiner auf die Herzöge setzten. Siehe Beilage. [2]) RTA III. nr. 9.

schliessich römischen Standpunkt der Opposition. Deutlicher wird uns dies durch art. 2, dass Bonifaz IX. in einer „bullen" an die Fürsten des Reichs geschrieben habe, dass Karl VI. Genua in Besitz genommen, das doch „des riches statt" sei, und dass sich Florenz mit diesem Reichsfeinde verbunden habe: beides solle Wenzel abstellen. Vielleicht mag in diesem Schreiben auch eine Aufforderung zum Romzuge[1]) gestanden haben, wie sie der Papst schon öfters an Wenzel richtete; aber warum die Fürsten nicht auch diese Beschwerde verwendeten, ist unklar. Der ganze Artikel ist also ganz sichtlich gegen Frankreich und auch gegen Florenz zu Gunsten „ander des riches stett", womit dann wohl kaum eine andere Stadt als Mailand gemeint sein kann, gerichtet.

Wie gering das politische Verständnis der Kurfürsten für die Zustände in Italien zur Zeit noch war, zeigt der nun folgende Artikel (2ᵃ). Noch eben hatten sie Wenzel aufgefordert, gegen Florenz Massnahmen zu ergreifen; nun soll er die Erhebung Mailands zum Herzogtum rückgängig machen, d. h. unter anderem auch für Florenz Partei ergreifen. Von sich aus haben die Kurfürsten dies nicht hinzugefügt, denn die Thatsache der Erhebung war doch schon auf dem Maitage ihnen bekannt, wo sie nur die Aufhebung des Bündnisses mit Mailand verlangten, was sie ja auch jetzt wiederholten. Es muss also irgend ein Feind Mailands hier eingewirkt haben, nach Lindner wäre dies „unbedenklich" Florenz.

Diese Einwirkung konnte schriftlich geschehen sein; aber es scheint dieses nicht sehr wahrscheinlich zu sein, da man in dieser Zeit auf keinen Fall in die Endabsichten der Kurfürsten eingeweiht war; an wen hätten dann die Florentiner ihr Schreiben richten, und mit welchen Anträgen bei einer noch ganz unsicheren Angelegenheit hervortreten sollen? Dagegen konnten ja, wenn auch wohl ohne offiziell aufzutreten, florentinische Agenten in Frankfurt anwesend gewesen sein, und mit den Kurfürsten verhandelt haben[2]). Aber wie sollten diese

---

[1]) Lindner l. c. p. 504. [2]) Gino Capponi, Storia della republica di Firenze I., p. 406 verweist auf Giovanni Morelli für die Geschichte der „private diplomazia che faccano i mercanti fiorentini residenti in Alemagna" etc.

nicht den gegen sie und ihren Verbündeten, Frankreich, gerichteten Artikel 2 erkannt und zu verhindern gesucht haben? Zu dieser Frage gibt uns Artikel 4 einigen Aufschluss: „item unsers herren des königes fründe hatten Berne inne in Lamparten, do der von Meylant kriegt mit den von Bern; und gaben das dem von Meylant inne und namen gelt darumb, von der wegen Berne dem rich engangen ist" : also auch Verona soll Wenzel wieder dem Reiche zubringen[1]). Wie wir zu Anfang der Abhandlung gesehen, hatte es Giovanni Galeazzo verstanden in gemeinsamen Kampfe mit Francesco von Padua gegen die della Scala in Verona, nicht nur Verona zu erwerben, sondern auch seinen Bundesgenossen um Vicenza zu bringen, eine Kränkung, die dieser wohl nicht leicht vergessen konnte.

Jetzt wird dieser Vorgang nach langen Jahren hervorgeholt, um einerseits gegen Wenzel verwendet zu werden, andrerseits aber auch den König aufzufordern, seinem engverbundenen Giovanni Galeazzo das unrechtmässig erworbene Reichsgut zu nehmen. Der Reichsvikar von Padua war entschieden der durch jenen Akt am meisten geschädigte; daher möchte ich eher die Aufnahme der Italien betreffenden Punkte dem von Padua zuschreiben[2]), als den Florentinern; ihm lag die genuesische Angelegenheit ferner; bedeutend aber wurde seine Stellung geschädigt durch die Erhebung Mailands zu einem Herzogtume, wodurch wieder die Lage der Republik Florenz politisch in nichts eine schlechtere wurde.

Besser sind wir über die Urheberschaft des Artikels 5 unterrichtet. Goro Dati erzählt[3]), dass die Florentiner a tutti i nobili baroni della Magna ein Schreiben geschickt hätten, in dem Wenzel beschuldigt wurde, dem Herzog von Mailand zum Schaden des Reiches Blanquets, sog. Membranen überlassen zu haben[4]). Ohne

---

[1]) Ueber die Beteiligung der Gesandten des Königs bei der Uebergabe von Verona s. Andrea Gataro, Murat. SS. rer. Ital. XVII., 616, D. ff. Lindner, l. c, Beilage XIII. [2]) Cronica del Morelli. Anh. zu Malaspini Istoria fiorentina p. 309 hebt ausdrücklich die Mitwirkung des Reichsvikars von Padua hervor, „perché tenea amicizia nella Magna". [3])— l. c. p. 57. [4]) Corio, l. c. p, 275 gibt das Privileg Wenzels an Galeazzo, in dem uns eine grosse Anzahl von Städten etc. aufgezählt wird, mit denen

auf die Frage, ob der Anklage Thatsachen zugrunde lagen oder nicht, einzugehen, muss das hervorgehoben werden, dass gerade dieser Punkt, dass die Florentiner allen Fürsten des Reichs diese Mitteilung machten, zu beweisen scheint, dass diese zwar von der Wenzel feindlichen Strömung im Allgemeinen Kenntnis hatten, aber betreffs der Gruppirung der Parteien noch nicht unterrichtet waren.

Das Resultat dieser Auseinandersetzung ist nun in Kürze folgendes: unverkennbar ist die Einwirkung des Papstes, weniger aus politischen, als aus kirchlichen Rücksichten; sodann erscheint als höchst wahrscheinlich die Agitation des Reichsvikars von Padua, während von den Umtrieben der Florentiner bis jetzt noch wenig zu verspüren ist.

Es ist begreiflich, dass die Ueberreichung der Beschwerdepunkte von seiten der Kurfürsten an König Wenzel allenthalben das grösste Aufsehen erregte. Auch Florenz wird jetzt erkannt haben, wo es mit seinen Bemühungen einzusetzen habe, um in Wenzel seinen eigenen Feind Galeazzo zu bekämpfen. Jene Vorgänge in Frankfurt wurden sicher in Italien bekannt, und verfehlten nicht, die grösste Aufmerksamkeit auf den Zustand in Deutschland zu erregen. Von jetzt an müssen wir die Anwesenheit florentinischer Gesandten in Deutschland annehmen, von denen fast alle zeitgenössischen italienischen Quellen sprechen[1]), ohne dass es uns jedoch möglich wäre, ihre sicher geheime Arbeit im Einzelnen zu verfolgen. Geld spielte hierbei wohl keine geringe Rolle, während es Florenz auch nicht versäumte, als der Plan einer Absetzung Wenzels immer mehr hervortrat, diese unzweifelhaft widerrechtlichen Bemühungen durch Gutachten zahlreicher Rechtsgelehrten zu unterstützen[2]).

---

der Herzog belehnt sei. Es mochte wohl ganz natürlich sein, den mit der Bevollmächtigung zur Belehnung ausgestatteten Gesandten des Königs ein Blanko mitzugeben, das dann an Ort und Stelle ausgefüllt wurde. Wie das zum Schaden des Reiches geschehen konnte, zeigt am besten, dass auch die Bischofs- und Reichsstadt Trient, als zu Mailand gehörig, genannt ist. Uebrigens kamen solche Blanquets im Mittelalter gar nicht selten vor.

[1]) Z. B. Gataro. l. c. coll. 839. B. C.   [2]) Goro Dati, l. c. „con bono consiglio di molti dottori delle leggi". Ein derartiges Gutachten geht

Den einzigen Anhaltspunkt für die Umtriebe der Florentiner in Deutschland müssen wir in den Vorgängen daselbst finden[1]), insofern dabei die Zustände Italiens eine Rolle spielen, insbesondere aber darauf unser Augenmerk richten, wie die Forderungen wegen Italiens eine wechselnde, aber stets konkretere Gestalt annehmen.

Wir sehen nicht, dass Wenzel gemäss den Beschwerden diese, wenigstens so weit sie Italien betrafen, irgendwie abzustellen versucht hätte. Andrerseits erhob die fürstliche Opposition, trotz der mancherlei Erfolge, welche Wenzel durch sein Erscheinen im Reiche erzielt hatte, wieder ihr Haupt. Im April 1399 kamen die vier rheinischen Kurfürsten in Boppard zusammen: die Unterdrückung des Raubritterwesens, die Zoll- und Münzfrage[2]) dienten wohl nur als Vorwand für die Zusammenkunft. Den Kernpunkt bildeten sicher die geheimen Besprechungen der Kurfürsten, deren Ergebnis unter doppeltem Siegelverschluss bewahrt wurde[3]). Es kann hier nicht darauf ankommen festzustellen, welche Fortschritte die Verschwörung gegen Wenzel durch diese Zusammenkunft gemacht; aber das ist von Wichtigkeit, dass sie sich verpflichten, keiner Schmälerung des Reiches, auch solcher, die vor dieser Zeit geschehen, ihre Zustimmung zu geben, „und sunderlingen die sachen van des van Meylayn umb daz land van Meylayn solen wir nyet bestedigen." Gerade dieser Abschnitt legt uns die Vermuthung nahe, dass diejenigen Staaten, welche am meisten durch die Erhebung Mailands zum Herzogtume geschädigt waren, Padua und Florenz, der Möglichkeit, dass die Kurfürsten späterhin auf Ansuchen Wenzels oder Galeazzos ihre Zustimmung zu diesem Akte geben möchten, entgegenzuarbeiten verstanden. Und wenn es in der Urkunde

---

unter dem Namen des berühmten Rechtslehrers Franciscus de Zabarellis, s. Mitt. d. österr. Inst. f. Gesch.-Forsch. IX. p. 631 ff. Jedoch möchte ich, auf Grund der Notiz bei Dati, nicht den Papst, wie in d. Mitt., sondern Florenz als Auftraggeber annehmen.

[1]) Es erscheint mir nicht unmöglich, dass man in dem Stadtarchiv von Florenz aus Rechnungsaufstellungen noch manches finden könnte, was uns die Agitation in Deutschland besser verfolgen liesse. [2]) RTA. III. nr. 42—45. [3]) RTA. III. nr. 41.

heisst, dass auch die anderen Erwerbungen Mailands „vor datum diss brives" (April 1399), d. h. insbesondere die Besitznahme von Pisa und Siena, nicht bestätigt werden sollen, so möchte ich diesen Abschnitt in höherem Grade der Einwirkung der florentinischen Gesandten, als derjenigen Paduas zuschreiben. Die rheinischen Kurfürsten hatten durch diesen Schritt eine Verpflichtung übernommen, die ihre italienische Politik in Zukunft band; ob sie hiefür von Florenz Geld empfingen, wie manche der Quellen berichten, lässt sich nicht beweisen, erscheint aber als höchst wahrscheinlich.

Die italienischen Angelegenheiten treten jetzt vor denen des Reichs in den Hintergrund. Die Absetzung Wenzels war jetzt schon eine fest beschlossene Sache; aber es galt vor allem, zu diesem aussergewöhnlichen Schritte den römischen Papst Bonifaz IX. zu gewinnen. Von Anfang an hatten die Kurfürsten stets für den römischen Papst Stellung genommen, während andererseits Wenzel einer Neutralitäts-Erklärung zwischen beiden Päpsten, wozu man in Frankreich geschritten war, nicht abgeneigt war. Sein kirchliches Interesse hätte Bonifaz ohne zu zögern die Partei der Opposition ergreifen lassen müssen; allein was dann, wenn deren Versuch misslingen sollte? Hätte er nicht dann die Obödienz Wenzels verlieren und sich die Gegnerschaft des schon nahe an den römischen Kirchenbesitz vorgedrungenen Galeazzos zuziehen müssen? Man mag über die Ehrlichkeit in der Politik denken, wie man will; in diesem Falle konnte der Papst nicht anders handeln, als den Gang der Ereignisse abwarten, um darnach seine Entscheidung zu treffen. Demgemäss fiel auch die Antwort des Papstes auf ein Schreiben der Kurfürsten[1]), das ihn, unter Androhung einer Neutralität in Sachen des Schismas im Weigerungsfalle, für ihre Pläne gegen Wenzel zu gewinnen suchte, völlig nichtssagend aus[2]): er könne sich nicht so schnell in einer so schwierigen Frage entscheiden. Einen solchen Bescheid hatten die Kurfürsten wohl kaum erwartet: thatsächlich war es wohl eine Absage des Papstes bei ihrem Vorhaben. Der Eindruck dieses Briefes hatte

---

[1]) RTA. III. nr. 114.   [2]) RTA. III. nr. 115.

sicher auch, neben anderen Gründen, wie dass man sich über die Person des zu Wählenden nicht einigen könnte[1]), dazu mitgewirkt, dass man auf dem Tage zu Frankfurt im Mai und Juni nicht zu einem endgiltigen Beschlusse kam. Allein man hatte damit noch nicht die Absicht, die Sache ganz fallen zu lassen, — denn man hatte sich schon zu weit auf sie eingelassen —; sondern die Kurfürsten schrieben einen neuen Tag nach Oberlahnstein aus[2]), fest entschlossen, ihre Absicht dann, umbekümmert um die Haltung des Papstes, durchzuführen.

So kamen die Kurfürsten am 11. August 1400 zu Oberlahnstein zusammen. Für unsere Frage interessirt uns nur ein Punkt der sogenannten Wahlkapitulation Ruprechts III. von der Pfalz[3]); sollte Ruprecht „von gotz versehen" (!) zum König gewählt werden, so will er die Erhebung Galeazzos zu einem Herzoge und zum Grafen von Pavia widerrufen, „ane geverde" mit aller Macht die Lande in der Lombardei und den wälschen Landen nach dem Rathe der Mitkurfürsten wieder an das Reich bringen, und bei demselben halten, und die Kosten hierzu aus jenem Lande selbst nehmen".

Die Lage der Kurfürsten hatte sich in Bezug auf Italien durchaus nicht verändert gegen früher; und doch zeigen sich fortwährende Veränderungen in ihren Beschlüssen über Italien, die immer mehr auf eine feindlichere Stellungnahme gegen Mailand auslaufen; und da den Nutzen hiervon allein die antimailändische Liga, mit Florenz und Padua an der Spitze, davonträgt, so werden wir nicht fehlgehen, wenn wir jenen Artikel ihrer Einwirkung zu Folge entstehen lassen, ohne zu entscheiden, ob Florenz oder Padua das meiste dazu beigetragen. Ohne Zweifel war dies ein bedeutender Erfolg der italienischen Politik; konnte Ruprecht seine Wahl durchsetzen, so war ein Krieg dieses mit Mailand gewiss.

Selbstverständlich nahm diese Mailänder Frage auch in den Anklagepunkten gegen Wenzel[4]), welche vor der Erklärung seiner Absetzung verlesen wurden, einen wichtigen Platz ein,

---

[1]) RTA. III. nr. 231.   [2]) Einladungsschreiben s. RTA. III. nr. 146 ff.
[3]) RTA. III. nr. 200.   [4]) RTA. III. nr. 204.

wobei ein Vergleich der auf Italien bezüglichen Beschwerden vom Jahre 1397[1]) mit den jetzigen von besonderem Interesse ist. Es war uns damals aufgefallen, mit welch' geringem Verständnis die Kurfürsten den Zuständen Italiens gegenüber standen. Jetzt merkt man hiervon nichts mehr; vor allem ist die von Bonifaz IX. angeregte Forderung wegen Genuas, welche, wie wir gesehen, sowohl gegen Frankreich, wie gegen Florenz gerichtet war, jetzt fortgefallen. Es ist dies einmal der Einwirkung florentinischer Gesandten zu verdanken; dann aber mochte sich Ruprecht nicht gleich von Anfang an in Gegensatz zu Frankreich setzen.

Aber auch mit dem Artikel über Mailand geht eine merkwürdige Veränderung vor: man war wohl zur Erkenntnis gekommen, dass dem König Wenzel das Recht, Mailand zu einem Herzogtume zu machen, nicht abgesprochen werden könne, wenn es auch der Gewohnheit widersprach; aber das rechnete sie ihm als schweres Vergehen an, dass er für jene Belehnung, durch welche die Einkünfte des Reichs entschieden geschmälert wurden, Geld genommen, sich habe bestechen lassen.

Von Verona ist jetzt nicht mehr die Rede. Es ist möglich, dass die Kurfürsten die Haltlosigkeit dieser Anschuldigung einsahen; man kann aber auch annehmen, dass sie hiermit dem Reichsvikar von Padua entgegenkamen, dessen Absichten entschieden zum wenigsten auf einen Teil des Vikariats von Verona gingen; wie hätten sie sich verpflichten mögen, eben dieses Gebiet wieder dem Reiche zuzuführen, auf welches ein Verbündeter von ihnen Anspruch machte?

Hiezu kam dann noch die schon oben besprochene Angelegenheit wegen der Membranen.

Auf Grund dieser, und anderer das Reich betreffenden Anklagen sprach Kurfürst Johann von Mainz „in gerichtes stad" „in namen und wegen" der Mitkurfürsten die Absetzung Wenzels „als einen unnützen, versäumlichen, unachtbaren engleder und unwirdigen hanthaber" des Reiches aus. Wie schon diese

---

[1]) s. o. p. 7 ff. u. RTA. III. nr. 9.

Schlussformel bezeugt, war die auswärtige Politik nicht der geringste Grund zur Absetzung.

Das Gegenstück hierzu bildete natürlich die am nächsten Tag, dem 21. August 1400, stattfindende Wahl Ruprechts. Seine Verpflichtungen, die er vor derselben eingehen musste, haben wir schon oben besprochen. Erscheint es dann nicht geradezu als Hohn, wenn die Wähler vor der Wahlhandlung schwören, dass sie ihre „stimme und kore ane alle globde, gelt, miede, oder wie man das genennen mocht, als mir got helfe und alle heiligen etc."[1]) geben wollten, und wenn Ruprecht nach derselben an Bonifaz IX. schreibt „nescio quo dei iudicio sors eleccionis super me cecidit"[2]), besonders wenn man bedenkt, dass Ruprecht ausdrücklich vor dem Akte seine Stimme seinen Mitkurfürsen übertragen hatte[3]), weil er sich doch nicht selbst wählen mochte?

So hatte die Welt das merkwürdige Schauspiel, sowohl um die höchste geistliche, wie weltliche Macht zwei Bewerber streiten zu sehen. Für König Ruprecht, dessen persönliche treffliche Eigenschaften allseitig von seinen Zeitgenossen anerkannt wurden, kam es hauptsächlich darauf an, seine zum mindesten zweifelhaft rechtliche Erhebung durch glänzende Erfolge zu rechtfertigen. Und dazu sollte denn ein Zug nach Italien helfen, dessen Ausführung der Gegenstand meiner Abhandlung sein soll.

Hierbei ist es besonders angenehm, dass in Bezug auf die Vorbereitung des Zuges ein sehr reichliches Urkundenmaterial, und ein vorzüglicher Berichterstatter in der Person des florentinischen Gesandten Buonaccorso Pitti uns über alles wesentliche unterrichtet, so dass wir nur selten zu Hypothesen zu greifen haben.

---
[1]) RTA. III. p. 267; 5, 6. [2]) RTA. III. p. 282; 16. [3]) RTA. III. p. 267; 45.

II. Vorbereitung des Zuges.

König Ruprecht war von Anfang seiner Regierung an durch das vor der Wahl abgegebene Versprechen zu einem Zuge nach Italien verpflichtet, weniger um nach Rom zu ziehen und sich die Kaiserkrone zu holen, obwohl dieses als der Endzweck des ganzen Unternehmens aufgefasst wurde, vielmehr um in Oberitalien die Uebermacht Mailands zu brechen. Dies stand natürlich für die italienischen Agenten, von deren Wirksamkeit in Deutschland in dem einleitenden Abschnitte die Rede war, im Vordergrund; ob Ruprecht Kaiser würde, oder nicht, mochte ihnen mehr oder minder gleichgiltig sein. Wie sehr dieses den Florentinern die Hauptsache war, zeigt am besten die Motivirung der ersten Gesandschaften an Ruprecht: 14. Dezember 1400, in Alemanniam aliquis mittatur pro sciendo processum rerum et saltem capitaneum mittant, und am 3. Januar: Item quod mittatur aliquis — ad investigandum de factis novi imperatoris etc.[1]). Ihre eigene Lage verlangte eine auswärtige Hilfe, und diese sollte ihnen ein Zug des deutschen Königs über die Alpen bringen.

Selbstverständlich konnte der Romzug nicht gleich nach der Wahl unternommen werden. Für Ruprecht kam es einstweilen darauf an, den Kreis derjenigen, welche ihn als den rechtmässigen König anerkannten, deren Zahl im übrigen am Anfange eine recht geringe war, zu erweitern, im Auslande Anerkennung und Bündnis zu gewinnen, und dann Wenzel durch Waffengewalt zur Aufgabe seiner Ansprüche auf die deutsche Königswürde zu bestimmen. Sehr wichtig musste es für Ruprecht

---

[1]) Consulte e pratiche, gedr. als Beilage.

sein, welche Stellung Bonifaz IX. zur Thronveränderung einnehmen würde, und dass man von ihm die Approbation erlange[1]). Auf alle diese Verhandlungen kann hier nicht eingegangen werden; ich muss mich eben beschränken, auf die zusammenfassende Darstellung bei Höfler „Ruprecht von der Pfalz". (Freib. 1861) zu verweisen, wozu man das entsprechende Aktenmaterial in den Reichstagsakten Band IV und V findet. Dagegen müssen die Beziehungen Ruprechts zu den italienischen Staaten und Städten von vornherein näher ins Auge gefasst werden. Dieselben werden eröffnet durch Schreiben der Kurfürsten[2]), welche uns zwar verloren gegangen sind, aber wohl kaum mehr enthielten, als einen kurzen Bericht über die Absetzung Wenzels und die Wahl Ruprechts, und eine entsprechende Aufforderung zur Anerkennung. Von einem bevorstehenden Romzuge war in diesen Briefen wohl kaum gesprochen, wie man aus den Antworten der italienischen Städte ersehen kann. Diese sind uns deshalb von besonderer Wichtigkeit, als sie uns sofort die Parteistellung der Städte zur Thronumwälzung zeigen, die sich ganz nach dem Verhältnis zu Mailand richtet. Trotzdem eine Einwerkung florentinischer Unterhändler in Deutschland unverkennbar ist, möchte es nicht da auffallen, dass der Rat von Florenz eine auffallende Unsicherheit über die Stellung, die er gegen die Thronumwälzung einnehmen musste, noch am 10. Nov. zeigt[3])? Bestätigt dies nicht unsere schon oben ausgesprochene Vermutung, dass nicht offizielle Gesandten, sondern eigene Politik treibende Kaufleute von Florenz die gegen Wenzel gerichtete Politik im geheimen unterstützten? Der Nutzen aber, den Florenz aus der Neuwahl ziehen konnte, war zu augenscheinlich, als dass es längere Zeit unentschieden bleiben konnte. Unbedingt stellte es sich auf die Seite Ruprechts[4]) und mit ihm Lucca[5]), Cortona[6]), die Grafen von Montedoglio[7]) und Padua, das heisst also die antimailändische

---

[1]) Weizsaecker, in d. Abh. d. Berl. Akad. hist.-philol. Abt. 1888. RTA. IV. nr. 1—123, nebst den einleitenden Bemerkungen. [2] RTA. IV. p. 227; $_{25}$. 228; $_{19}$. 229; $_{10}$. [3]) s. Beilage. [4]) RTA. IV. nr. 196 (30. November). [5]) RTA. IV. nr. 199. [6]) RTA. IV. nr. 197. [7]) RTA. IV. nr. 198.

Liga, die kurz zuvor, am 21. März 1400 durch Vermittlung Venedigs Frieden mit Mailand geschlossen hatte[1]). Markgraf Nicolaus von Ferrara, der, wie Venedig, an das er sich stets hielt, bei allen Kämpfen in Oberitalien eine möglichst neutrale Stellung einzunehmen sich bemühte, gab eine ausweichende Antwort[2]), während Franz von Gonzaga, Reichsvikar des so wichtigen Mantua, wie er auch bei dem letzten Kampf der Liga gegen Mailand auf der Seite des letzteren gestanden hatte, entschieden das Vorgehen der Kurfürsten verurteilte, und erklärte, unverbrüchlich an König Wenzel, als seinem rechtsmässigen Herrn, also auch an Galeazzo, festhalten zu wollen[3]). Dagegen war an Venedig nicht zu dieser Zeit geschrieben worden, da es nicht als zum Reiche gehörig betrachtet wurde. Denn dass dieses nicht geschehen, beweist eine Notiz in einem Briefe Ruprechts an diese Stadt vom 23. November[4]), in dem er den Bericht über die Ereignisse in Deutschland mit dem Ausdrucke beginnt, „prout ad vestram intelligenciam alias potuit esse deductum[5]), und dann um „amicitia" bittet. Dass er wohl kaum mehr erwarten konnte, werden ihm die italienischen Unterhändler klar gemacht haben; sie kannten aus langjähriger Erfahrung die Politik dieses Inselstaates, sich bei Streitigkeiten weder nach der einen, noch nach der anderen Seite zu verpflichten, um aus der Schwächung beider Parteien Nutzen zu ziehen.

Von ganz hervorragender Bedeutung war natürlich auch die Stellungnahme des römischen Papstes. Alsbald nach der Wahl traten die Kurfürsten[6]) und Ruprecht[7]) mit Bonifaz in Verkehr, wobei sie eine demnächst an ihn abgehende Gesandtschaft ankündigten. Bisher hatte Bonifaz, wie wir oben gesehen, auf den Versuch, ihn für ihren Plan gegen Wenzel zu gewinnen, eine ausweichende Antwort gegeben. Jetzt mochte man hoffen, dass er aus seiner reservierten Stellung heraustreten würde, um Ruprecht, dessen Parteinahme für Bonifaz ja über allen Zweifel erhaben war, unter Hinnahme der geschehenen Thatsache, zu

---

[1]) RTA. IV. p. 306 nt. 4.   [2]) RTA. IV. nr. 194.   [3]) RTA. IV. nr. 193.   [4]) RTA. IV. nr. 185.   [5]) RTA. IV. p. 216; 14, 15.   [6]) RTA. IV. nr. 219.   [7]) RTA. IV. nr. 222.

approbieren. Um so unangenehmer war es für Ruprecht, dass Bonifaz an Wenzel am 24. August, als er doch kaum mehr über die Endabsichten der Opposition im Zweifel sein konnte, ein Schreiben gerichtet hatte, in welchem er diesem seine unerschütterliche Treue und Anhänglichkeit versicherte[1]), was dann Wenzel nicht versäumte in Deutschland bekannt werden zu lassen. Nur schlecht verstand Ruprecht seine Missstimmung über die Haltung des Papstes zu verbergen: nicht weniger wie viermal betonte er in dem nächsten Briefe[2]) die Rechtmässigkeit seiner Wahl, und sicher nicht ohne Absicht geschah es, dass Ruprecht die Absendung einer Gesandtschaft erst nach der Königskrönung ankündigte. Dass letzteres aber trotzdem vor der Krönung erfolgte, daran war allein die feindselige Haltung Aachens schuld, welche eine Hinausschiebung des Termines nötig machte. Allzu lange mochte man doch nicht die Eröffnung der Verhandlungen mit der Kurie verzögern. Vom 14. Dezember ist die Vollmacht für Konrad v. Verden, Joffrid v. Leiningen und Hermann Rode als Gesandte nach Rom ausgestellt[3]), und wohl auch bald darauf traten sie ihre Reise an.

Etwa um die Mitte des Dezembers 1400 schickte nun auch Bonifaz einen Gesandten nach Deutschland „de andare a exponere inbasciata da sua parte alluno imperadore e allaltro"[4]). Er mochte erkannt haben, dass er auf seinem einseitigen Standpunkt zu Gunsten Wenzels, wenn er nicht einen Teil seiner Obödienz verlieren wollte, nicht beharren dürfe, sondern unbedingt einlenken müsse, um sich auf die Seite zu stellen, die ihm das meiste bieten konnte. Leider wissen wir nichts Näheres über diese Gesandtschaft; für uns tritt sie ganz zurück hinter die spätere Montecatinos[5]), welcher die päpstliche Antwort auf die Forderungen Konrads von Verden bringen sollte, und zwar den Entwurf der Approbations-Urkunde, und, was noch das wichtigere war, die Aufforderung zu unversäumten Zuge über die Alpen. Gerade dies zeigt, dass auch noch andere

---

[1]) RTA. III. nr. 185. [2]) RTA. III. nr. 223. — p. 282; 36. „rite", —; 37 „uti est iuris et approbate consuetudinis" p. 283; 5 und 9 „ut imoris est". [3]) RTA. IV. nr. 1. [4]) RTA. IV. p. 2; 7 ff. [5]) Das päpstliche Gebiet datiert vom 25. März 1401. RTA. IV. nr. 4.

Gründe den Papst bestimmt haben, sich Ruprecht zu nähern; auch er war durch das Umsichgreifen Galeazzos in Toscana in seinem Besitzstande sehr gefährdet. Vergeblich hatte er Wenzel zu einem Zuge nach Italien zu bewegen gesucht, so dass auch für die Zukunft nicht zu erwarten war, dass sich das enge Verhältnis Wenzels zu Galeazzo ändern würde. Jetzt war Ruprecht, dessen Mailand feindliche Haltung der Kurie nicht verborgen sein mochte, gewählt; man konnte von ihm einen Versuch des Kampfes mit Mailand hoffen: darum lenkte Bonifaz ein. Daneben kann auch der Gedanke obgewaltet haben, sich durch eine Kaiserkrönung in Rom vor dem Gegenpapste in Avignon das unbedingte Vorrecht vor aller Welt zu verschaffen; von hoher Bedeutung war jedoch dieser Gesichtspunkt nicht; denn wie könnte man sonst die lange Zögerung des Papstes mit der Approbation verstehen?

Für ihn war eben der Zug Ruprechts nach Italien, insofern er einen Kampf mit Mailand zu Folge haben musste, die Hauptsache. Darum beauftragte er Montecatino, auf das Genaueste sich über den Termin des Aufbruchs, über die Truppenstärke und den einzuschlagenden Weg zu erkundigen. Dies gibt uns die Ueberzeugung, dass schon Konrad von Verden bei seinen Bemühungen, den Papst für Ruprecht zu gewinnen, mehr oder minder bestimmte Andeutungen über die Absichten des Königs gemacht, dass man also schon im Dezember 1400 einen Zug über die Alpen, als in nicht allzugrosser Ferne stehend, ins Auge gefasst hatte. Mitwirkend mag bei diesem Plane, neben den zum Teil so überaus freudigen italienischen Antwortbriefen, das Eintreffen eines Gesandten des Reichsvikars von Padua[1]) gewesen sein, der es sicher nicht an den nötigen Worten über die glänzenden Aussichten des Unternehmens fehlen liess. Wir werden noch öfters die Gelegenheit haben zu sehen, wie sehr von Anfang an Franz von Padua an der Spitze der gegen Mailand gerichteten Bemühungen stand, so dass auch schon dieser Grund uns die Berechtigung gibt, bei den italienischen

---

[1]) RTA. IV. p. 229; 16, 17, abgeschickt nach 11. November, Ankunft in Deutschland Anfang des Dezembers.

Umtrieben vor der Absetzung Wenzels nicht sowohl an Florenz, als vielmehr an Padua zu denken. Denn wie könnte man es sonst verstehen, dass Ruprecht seinem Gesandten Albrecht von Thannheim, den er nach Italien schickte[1]), um dort in Reichsangelegenheiten zu wirken, den Auftrag gab, mit den nicht dem Reiche zugehörigen Städten (wie Venedig) nur „nach dez herren von Padaw rate und underwisunge"[2]) zu verhandeln? Das zeugt entschieden von einem hohen Vertrauen, das Ruprecht auf Franz setzte. Und wir sehen nicht, dass jener jemals darin getäuscht worden wäre: während des ganzen Zuges stand Franz ihm stets mit Rath und That zur Seite, und bietet uns so ein angenehmes Gegenstück zur egoistischen, kleinlichen Politik der Florentiner. An diesen also sollte sich Albrecht wenden: noch nicht war von einem Romzuge in dessen Instruktion die Rede, obwohl natürlich die Gesandtschaft nur eine Vorbereitung des Zuges bezweckte, um die eine oder die andere Stadt von dem Bündnisse mit Mailand abzuziehen und sie für die Partei Ruprechts zu gewinnen. Die italienischen Fürsten und Kommunen sollten zu einem Tage in Deutschland Gesandte schicken, um mit Ruprecht zu berathen, „wie man unsers herren des koniges und des heilgen richs sachen forther handel und bestelle zu dem besten und nutzlichsten"[3]). Zur Unterstützung dieser Werbung gab Ruprecht seinem Gesandten eine Aufzeichnung der Fürsten, Herren und Städte, welche ihn als König anerkannten[4]): indess ist uns diese nicht erhalten[5]).

---

[1]) RTA. IV. nr. 188 (Ende Dezember 1400 bis Anfang Januar 1401).
[2]) RTA. IV. p. 219; 24, u. 30, 31. [3]) RTA. IV. p. 220; 1, 2. [4]) —. p. 219; 8. [5]) Anders: Weizsaecker, RTA. IV. nr. 189; dieser druckt an dieser Stelle eine äusserst umfangreiche Aufzählung ab, die aber von den Thatsachen in vielen Punkten abweicht: so sind z. B. zahlreiche Städte Schwabens als ihm unterthan bezeichnet, was im Dezember 1400 noch gar nicht der Fall war, und bei dem regen Handelsverkehr zwischen Italien und Deutschland sicher den italienischen Städten als Unwahrheit nicht unbekannt geblieben wäre. Sodann: dise nachgeschriben sint an unserme herre dem künige u n d i m e gehorsam . . ., wird der Abschnitt eingeleitet. Wer ist unter diesem „ime" zu verstehen? es kann dies nur das k i r c h l i c h e O b e r h a u p t, der römische Papst, sein. Darnach ist etwa das Stück auf Anfang August 1401 zu datieren, als Beilage zur Instruktion des nach Rom bestimmten Protonotars Albrecht, vgl. RTA. IV. nr. 11, art. 12.

Deutlicher tritt dann die Romzugsangelegenheit bei den Verhandlungen mit den Herzögen von Oesterreich, besonders mit Herzog Leopold IV., in den Vordergrund[1]). Denn darauf kam es vor allem an, sie, die die beste Alpenstrasse nach Italien, den Brennerpass, beherrschten, zu gewinnen, wenn nicht überhaupt der ganze Zug in Frage gestellt werden sollte. Dass jene, bewusst ihrer entscheidenden Stellung, diese auszunutzen versuchen würden, daran war nicht zu zweifeln. Deshalb wurden mit ihnen zuerst die Verhandlungen, welche immer im Hinblick auf den geplanten Zug nach Italien geführt wurden, eröffnet, bei denen jedoch nur die Italien betreffenden Punkte hervorgehoben werden sollen. Unzweifelhaft waren die beiden Urkunden[2]), mit welchen die Unterhandlungen beginnen, schon auf dem Krönungstage zu Köln (7. Januar 1401) Gegenstand der Berathung des Königs mit den Kurfürsten, deren Ergebnis die Instruktion für den auf den 30. Januar mit den österreichischen Herzögen verabredeten Tag zu S. Veit war. Hierbei ist es von ganz besonderem Interesse zu sehen, wie sich Ruprecht zu den österreichischen Forderungen auf das Erbe von Mailand, im speziellen auf Verona und Padua[3]) sich stellte. Darauf konnte er auf keinen Fall eingehen, da er sonst seinen treuesten Anhänger Franz von Padua beeinträchtigt hätte; aber es ist charakteristisch, dass nicht dies als Grund angegeben wird, wodurch die Interessenverschiedenheit beider noch mehr hervorgetreten wäre, während er sie doch beide notwendig brauchte, sondern dass dazu allgemeine Redensarten, wie dass er doch „Mehrer des Reiches" sein wolle, herhalten müssen, die ablehnende Antwort zu motivieren. Auch wird man kaum fehlgehen anzunehmen, dass unzweifelhaft schon bei Ruprecht eingetroffene Gesandte der Florentiner[4]) ihn auf das Gefährliche einer Einwilligung auf die Forderung der Oesterreicher aufmerksam gemacht haben, andrerseits aber ihr Möglichstes thaten, den Beschluss nach Italien zu ziehen, zustande zu bringen. Dagegen konnte Ruprecht

---

[1]) Hierüber: Donnemiller „der Römerzug Ruprechts von der Pfalz" (besonders seine Beziehungen zu Herzog Leopold). Rudolfswert. Progr. 1881. [2]) RTA. IV. nr. 216—217. (Koblenz, 12. Januar 1401). [3]) RTA. IV. nr. 217. art. 6. [4]) s. u. p. 23.

den Herzögen ganz gut Versprechungen auf nicht zum Reiche
gehörige mailändische Besitzungen, oder auch auf sonst ein
paar Schlösser machen. Für diese und einige andere Leistungen
verlangt der König Offenhaltung der Strassen und Pässe nach
Italien und Hilfe gegen Mailand.

Anfang Januar also war ein Zug über die Alpen zum
Kampfe gegen Mailand eine beschlossene Sache; noch fehlt aber
jegliche Angabe über den Zeitpunkt desselben. Dass er möglichst
rasch zustande käme, war die Hauptaufgabe der italienischen
Gegner Mailands. Ihnen konnte jeder Verzug neue Gefahr, das
Erscheinen Ruprechts in Italien bei einem günstigen Verlaufe
Rettung bringen, bei einem ungünstigen aber ihre Lage nicht
verschlimmern. Wie viele Verbannte Mailands mochten sich mit
der Hoffnung getragen haben, jetzt wieder ihrem Besitz und ihrer
Heimat zurückgeführt zu werden, Gedanken, wie sie von einem
Andreas de Marinis von Cremona[1]), oder Petrus de Gualfredinis
von Verona[2]) in prunkvollen, leidenschaftlichen Schreiben an
Ruprecht übermittelt wurden.

Neben Franz von Padua trat in dieser Zeit auch Florenz
in offene Beziehungen zu Ruprecht, und nahm bald die erste
Stelle unter den italienischen Parteigängern ein[3]). Wie schon
vorher Franz, hatte auch Florenz Mitte Dezember eine Gesandtschaft nach Deutschland zu schicken beschlossen, ohne dass wir
dieser einen grösseren Wert beizulegen haben. Wichtiger ist die
Beratung vom 3. Januar 1401: der abzuschickende Gesandte
erhält den Auftrag, sich genau über die Pläne des neuen Königs,
besonders bezüglich des Romzuges, zu informiren. Und schon
sprach man es aus, dass der Romzug, wenn er zustande käme,
den Florentinern Nutzen, Mailand aber Verderben bringen müsse.
Und da man bei den kommenden Wirren in Italien gerüstet
sein müsse, sollen die Festungen und Burgen in Verteidigungs-
zustand gesetzt, mit König Ladislaus von Neapel aber Verhandlungen wegen einer Liga angeknüpft werden. Entscheidend für
den diplomatischen Verkehr der Florentiner war der Aufenthalt
des Bischofs Konrad von Verden, der nach Rom als Gesandter

---

[1]) RTA. IV. nr. 260.   [2]) RTA. IV. nr. 259.   [3]) Für das Folgende
s. Beilage.

bestimmt war, in Florenz, vom 30. Januar[1]), bis mindestens zum 8. Februar 1401[2]). Denn jetzt tritt zum ersten Male der Gedanke auf, dass Florenz zur Erfüllung seines Wunsches an den König eine gewisse Geldsumme auszahlen, und die Bemühungen seiner Gesandten durch eigene unterstützen müsse, vor allem um den Papst zur Approbation zu bewegen. Ausser nach Rom, beschlossen die Florentiner auch nach Deutschland Gesandte zu schicken, um mit dem Könige über die Bedingungen zu unterhandeln, unter welchen er geneigt wäre, ihren Wünschen nachzukommen. Und zu dieser Gesandtschaft nach Deutschland wurde Buonaccorso Pitti, der sich schon durch einen mehrfachen Aufenthalt in Deutschland empfahl[3]), gewählt, und ihm Ser Piero da Sanminiato beigegeben[4]), ohne dass dieser von irgend welcher Bedeutung gewesen zu sein scheint.

Neben den beiden Gesandtschaften nach Rom und an Ruprecht wurde auf Ansuchen Konrads ein weiterer Gesandte nach Oberitalien bevollmächtigt, um die Bemühungen Albrechts von Thanheim, den Kreis der Anhänger Ruprechts zu erweitern, auch seinerseits zu unterstützen[5]). Daneben beherrschte die florentinische Politik der Gedanke, wenn möglich, die alte Liga gegen Mailand wieder ins Leben zu rufen. Letzteres gelang aber nicht. Die Gesandten wurden wohl freundlich aufgenommen, ohne aber in der entscheidenden Frage Erfolg zu haben. Bologna, Ferrara und Venedig waren nicht geneigt, ihre bisher beobachtete Neutralität aufzugeben, während natürlich Franz von Padua ebenso sehr die Partei Ruprechts, wie Franz Gonzaga von Mantua diejenige Mailands begünstigte. Bisher war es also noch nicht möglich gewesen, in der politischen Lage eine Aenderung zu schaffen. Zwei feindliche Lager standen sich schroff gegenüber, stets bereit, bei Venedig über Friedensverletzung des Gegners Beschwerde zu führen, um dieses auf diesem Wege mit der Gegenpartei zu verfeinden. Je nach den Umständen antwortete der venezianische Rat unter Hinweis auf völlige Unkenntnis

---

[1]) Minerbetti, cronicon in Script. rer. Ital. ed. Tartinius. II. c. 430ff. Sozomenus bei Muratori, SS. rer. Ital. XVI. c. 1171.   [2]) Beil. 8. Februar.
[3]) Scip. Ammirato. l. c. p. 93.   [4]) RTA. IV. nr. 258.   [5]) RTA. IV nr. 263.

mit den beklagten Vorgängen¹), oder liess gelegentlich einmal eine leise Verwarnung erteilen²): offen spielte er sich immer noch als Hüter des Friedens auf, während er es im Geheimen wohl geschehen liess, dass in Venedig Aktionen vorgenommen wurden, welche eine auch ihm erwünschte Schwächung Mailands zum Ziele hatten.

Nimmt man hinzu, dass auch in Rom alle Verhandlungen der Gesandten Ruprechts trotz der sicher höchst thätigen Unterstützung der Florentiner in der Hauptfrage, nämlich in der unverzüglichen Approbation des Königs, erfolglos blieben, dass man andrerseits auch von päpstlicher Seite auf einen Zug nach Italien drängte, so kann man sich denken, mit welchem Interesse man allseitig die Gesandtschaft Pittis an Ruprecht verfolgte³).

Wie wir oben gesehen, war man sich im florentinischen Rate über die Notwendigkeit eines Romzugs schon längst klar; dass man zu diesem Zwecke Geld anwenden müsse, war schon am 8. Februar Gegenstand der Verhandlungen, und ferner, dass nach Deutschland Gesandte geschickt werden sollten. Aber wohl mochte man noch auf Nachrichten über den Erfolg der Gesandten in Rom warten. Darum verzögerte sich die Abreise der Gesandten nach Deutschland: denn erst vom 21. Februar ist die Vollmacht datiert⁴), kraft deren Pitti berechtigt wird, Verträge zu schliessen, den Treueid zu leisten, u. a. m. Leider ist uns die eigentliche commissio, von der in den Akten öfters die Rede ist, nicht erhalten; allein wir sehen aus diesen, wie aus Pittis Berichte, dass es sich den Florentinern vor allem darum handelte, dass der Romzug noch in diesem Jahre 1401 angetreten werde, und dass der Gesandte auf keinen Fall über die zum Zwecke bewilligte Geldsumme, nämlich 100.000 Dukaten, hinausgehen dürfe; sollten grössere Anforderungen an ihn gestellt werden, so ist deswegen sogleich an den Rat zu schreiben. Im übrigen mag Pitti noch den Auftrag gehabt haben, die Lage Italiens möglichst günstig zu schildern. So brach denn

---

¹) RTA. IV. nr. 262. ²) RTA. IV. nr. 260. ³) Ueber diese s. Cronica di Buonaccorso Pitti, ed. G. Manni. Fir. .1720, die hierher gehörenden Stücke abgedruckt in d. RTA. IV. nr. 302, und vgl. auch d. Gesandtschaftsbericht Pittis, RTA. V. nr. 33. ⁴) RTA. IV. nr. 258.

Pitti mit seinem Genossen am 22. Februar[1]) nach Deutschland auf, wobei sich ihm in Padua, als Bevollmächtigter des Reichsvikars, Dorde anschloss, um auch seinerseits den Romzug zu betreiben.

In Amberg, also nach dem 24. März, trafen sie beim Könige ein[2]), der sie auf jede Weise auszeichnete. Er mochte sich wohl schon mit dem Gedanken vertraut gemacht haben, seine in keiner Weise günstige Lage, namentlich jetzt nach dem erfolglosen, aber kostspieligen Feldzug gegen Böhmen, durch einen Romzug zu verbessern. Die Kosten dieses Zuges konnte er von sich aus nicht aufbringen; diese musste Florenz übernehmen, wenn er sich dem zu liebe in den Kampf mit Mailand einliess. Jedenfalls waren seine Erwartungen, denen er wohl auch den Gesandten gegenüber Ausdruck gab, auf das höchste gespannt, so dass sich Pitti wohl hütete, mit dem Angebote von 100.000 Duk. hervorzutreten. Bei den Verhandlungen über die Geldfrage bestimmten die Unterhändler des Königs, vielleicht weil sie durch florentinische Kaufleute erfahren hatten, dass Florenz eine auf 600.000 fl. Ergebnis geschätzte Steuer ausgeschrieben[3]), die Forderung anfänglich auf 500.000 fl., gingen aber dann auf 200.000 fl. zurück: so viel müsse der König haben, wenn von dem Zuge in diesem Jahre die Rede sein könne. Immerhin ging diese Summe über die der Vollmacht hinaus, so dass Pitti gezwungen war, nach Florenz zu schreiben, wohl mit dem dringenden Rate, der Forderung nachzugeben.

Wohl nur schweren Herzens mag Ruprecht seine Ansprüche auf die Summe von 200.000 fl. ermässigt haben, so dass er nicht mehr so zuversichtlich dem Romzuge entgegensah, wie früher. Wenn nun in dieser den Florentinern nicht gerade

---

[1]) Die Daten schwanken bei dem offiziellen Gesandschaftsberichte, und der Chronik Pittis; im allgemeinen haben diejenigen der Chronik mehr Wahrscheinlichkeit für sich. Der 22. Februar ist vielleicht so zu erklären, dass Pitti zu dieser Zeit gar nicht in Florenz war, und Ser Pero an diesem Tage mit der Vollmacht zu ihm eilte. [2]) Nach dem offiziellen Bericht am 18. März, wo sich Ruprecht noch in Nürnberg aufhielt. Vgl. Chmel. Regesta Ruperti regis Romanorum. Fkf. 1834. nr. 293, 294.
[3]) Morelli, l. c. p. 309.

günstigen Zeit ein allem Anscheine nach von Galeazzo gegen den König gerichtetes Attentat auf Grund einer von Pitti kurz vorher ausgesprochenen Warnung entdeckt wurde, also zur politischen Feindschaft gegen diesen nun auch die persönliche sich gesellte, so ist das doch ein zu grosser Glückszufall, als dass man nicht annehmen möchte, dass jene beiden Gesandten ihre Hände bei der Intrigue im Spiel gehabt hätten[1]). Jedenfalls war durch dieses Ereignis Ruprecht in seiner Absicht, nach Italien zu ziehen, bestärkt und kam somit den Plänen Pittis entgegen.

Von Amberg wandte sich Ruprecht nach Nürnberg, wohin er die Grossen des Reiches auf den 1. Mai berufen hatte[2]). Dass auf diesem Tage die Romzugsfrage zur Sprache kam, ist selbstverständlich: das bezeugen auch die zahlreichen Anknüpfungen mit auswärtigen Mächten, welche im Hinblick auf den Zug eröffnet wurden, so mit Savoyen, Frankreich, den Eidgenossen und Aragonien[3]): aber da diese Verbindungen von geringem Einfluss auf die Vorbereitungen des Zuges waren, ist es nicht nötig, an dieser Stelle näher auf sie einzugehen. Viel wichtiger war natürlich die Ankunft Konrads aus Rom, und mit ihm die Antonios de Montecatino[4]): aber sie brachten nicht den gewünschten Bescheid; vielmehr erregte schon die Form des Kredenzbriefes Montecatinos grossen Unwillen bei König Ruprecht, den er auch in entsprechenden Worten dem Papste und den Kardinälen merken zu lassen sich nicht scheute[5]). Noch weniger entsprach der Inhalt der päpstlichen Antwort seinen Erwartungen: „moram periculosam implicans responsum" nennt er sie[6]). Denn was nutzte ihm eine Approbations-Urkunde[7]), die in einer Form abgefasst war, dass er sie auf keinen Fall annehmen konnte,

---

[1]) Höfler, l. c. p. 212, spricht von einem Rechtfertigungsschreiben Pittis: dies wird wohl eine Verwechselung mit einem Schreiben Galeazzos sein, das denselben Zweck, wie mir scheint, mit grossem Geschick verfolgt. RTA. IV. nr. 308. nr. 303 nr. 304. [2]) RTA. IV. nr. 267, art. 3. [3]) RTA. IV. nr. 297 ff. nr. 314, nr. 294 ff., nr. 293 und 292, nr. 315 ff. [4]) RTA. IV. p. 399; 14. Ulman Stromer in Chroniken der deutschen Städte I. p. 54; 24. [5]) RTA. IV. p. 27; 21 30. [6]) RTA. IV. p. 27; 2, 29. [7]) RTA. IV. nr. 6.

oder dass der Papst mit der Forderung eines schleunigen Einmarsches in Italien an ihn herantrat, ohne selbst auch nur die geringste Verpflichtung für die Zukunft zu übernehmen. Am besten zeigt sich die Unzufriedenheit des Königs über diese Haltung des Papstes in den Antworten, die er dem nach Rom zurückkehrenden Montecatino mitgab, welche an Kürze nichts zu wünschen übrig lassen[1]). Vielleicht wäre der Zug ganz in Frage gestellt worden, wenn nicht die italienischen Gesandtschaften von Padua und Florenz alles daran gesetzt hätten, ihn doch zum Zuge zu bewegen. „Und man lag kunk Ruprecht vast an, daz er gen Welissen landen und gen Rom zien solt", berichtet Ulman Stromer von der Thätigkeit der fremden Gesandten auf dem Tage von Nürnberg[2]). Und wie sehr deren Agitation Ruprecht gefiel, zeigt uns ein Lob, das derselbe der Beredsamkeit des paduanischen Gesandten zuerteilt[3]). Zugleich scheint jetzt auch die Antwort aus Florenz eingetroffen zu sein, auf Grund deren die Verhandlungen zu einem gewissen Abschluss gelangten. Florenz gab nach, indem die vertragsmässige Unterstützung auf 200.000 fl. festgesetzt wurde, ohne jedoch wohl die Zahlungsbedingungen genau anzugeben. Wie sehr aber Pitti Ruprecht gegenüber das Opfer, das Florenz bringe, betont haben mochte, ersieht man schon daraus, dass sich Ruprecht bewogen sah, sich über die Höhe seiner Ansprüche zu entschuldigen, die er aber stellen müsse, wenn er auch wisse, wie schwer es Florenz falle, eine solche Summe aufzubringen[4]); und dass diese nur im Interesse Italiens, d. h. von Florenz verwandt werden sollte, war eigentlich klar; allein der vorsichtige Florentiner liess sich noch eine ausdrückliche Versicherung davon geben[5]). Zu einem definitiven Vertrage kam man in Nürnberg doch nicht: Pitti gibt als Grund an, dass zu wenig Fürsten auf dem Tage anwesend gewesen seien, so dass es rathsam erschien, die so schwerwiegende Entscheidung auf einem weiteren Tage

---

[1]) RTA. nr. 8, 9. (12. Mai 1401). [2]) St. Chr. I. 51; 1. [3]) RTA. IV. p. 372; 39. (15. Mai 1401). [4]) RTA. IV. nr. 305. (23. Mai 1401).
[5]) RTA. IV. nr. 306. (23. Mai 1401).

zu treffen. Diese Angabe stimmt auch damit überein, dass der König nur die archiprincipes nach Nürnberg berufen[1]) hatte, so dass wir es hier mit Vorberathungen zu thun haben. Immerhin ist es gut, den Vertragsentwurf[2]) zwischen Ruprecht und Florenz schon an dieser Stelle zur Erörterung heranzuziehen, weil auf ihm alle anderen Entwürfe beruhen, und wir dann nur auf die Aenderungen dieser gegenüber dem ersten hinzuweisen haben.

Art. 1. Pro celeriori expedicione in Italiam will Florenz als Geschenk (dono) 200.000 Duk.[3]) zahlen, in exterminium comitis Virtutum. Ruprecht kann von deutschen Kaufleuten vor Antritt des Zuges als erste Rate 110.000 Duk. aufnehmen, welche es unter gewissen Bedingungen in Venedig auszuzahlen verpflichtet ist.

Art. 2. Den Rest, also 90.000 Duk., zahlt es in Venedig oder einer anderen Stadt Italiens für die Besoldung der Truppen in den der ersten Zahlung folgenden zwei Monaten, insofern der König in Italien ist cum felici exercitu suo ad invadendum territorium comitis Virtutum hostiliter et potenter, exclusis dolo et fraude.

Art. 3. Gegen entsprechende Bürgschaft leiht Florenz weitere 200.000 Duk. in Monatsraten.

Art. 4. Bestätigung der florentinischen Privilegien.

Art. 5. Ruprecht muss presenti anno (1401) nach Italien ziehen, und zwar einundeinhalben Monat nach Empfang der ersten Rate. Bei einem eventuellen Tode des Königs verliert Florenz das ausgezahlte Geld ohne Ansprüche an die Nachkommen desselben.

Art. 6. Der König verpflichtet sich pro posse Mailand zu vernichten, im übrigen aber Florenz in seiner Freiheit und Rechten zu erhalten.

---

[1]) RTA. IV. nr. 267. art. 3. [2]) RTA. IV. nr. 307. (c. 23. Mai 1401.) [3]) Trotzdem auf 100 Duk. 110 fl. gerechnet wurden, ist die Unterscheidung der beiden Geldsorten in keiner Weise streng durchgeführt, so dass es vielfach am besten ist, der Quelle zu folgen. Vgl. RTA IV. p. 7; p. 215 nt. 1.

Dieser Entwurf erscheint als ein solches Meisterstück der florentinischen Diplomatie, dass es doch interessant ist, denselben mit einem Kommentar zu versehen.

Man kann nicht läugnen, dass der Entwurf in Wahrheit ein Mietsvertrag ist, wenn man auch dieses Verhältnis durch den Zusatz „dono" zu verdecken suchte. Beiderseits verpflichtet man sich zu Leistungen; kommt eine der Parteien diesen nicht vertragsmässig nach, so ist auch natürlich die andere zu nichts weiter verpflichtet. Florenz opfert Geld für ein **glücklich verlaufendes Unternehmen** (vgl. Art. 2). Denn leistet der König nicht das, was man von ihm erwartet, so ist es berechtigt, sich vom Vertrage loszusagen; anders kann man die Zusätze, wie „cum felici exercitu", und „hostiliter et potenter" etc., nicht auffassen. Und es scheint, als ob man von deutscher Seite auch eine Ahnung von der Wichtigkeit jener Klauseln gehabt, und dass man doch die Bedeutung der 5 ersten Artikel abzuschwächen suchte, indem man einen 6. Artikel anfügen liess, der im wesentlichen gar nichts neues besagte, aber doch den kleinen, in der Sache aber sehr wichtigen Zusatz „pro posse" enthielt. Immerhin ist es Thatsache, dass nur grenzenloser Optimismus und Unkenntnis der Zustände in Italien einem solchen Vertragsentwurfe ihre Zustimmung geben konnten.

Einstweilen fehlte noch dem Entwurfe die Unterschrift. Ruprecht beeilte sich, denselben an Franz von Padua, der stets neue Beweise seiner Treue gab[1]), zur Begutachtung zu übersenden[2]), die bei der unzweifelhaften Mitwirkung paduanischer Gesandten kaum anders als zustimmend ausfallen konnte. Es lag auch gar nicht in seinem Interesse, den König auf die gefährlichen Klauseln des Entwurfs aufmerksam zu machen; sondern auch für ihn war es eine Existenzfrage, möglichst rasch den König gegen Mailand ins Feld zu bringen.

Zu gleicher Zeit wanderte der Entwurf nach Florenz zur Bestätigung, wobei Ruprecht sich doch noch bewogen sieht, zur Annahme desselben zu mahnen, da sonst von einem Zuge „pro presenti" keine Rede sein könne[3]). Es ist dies wohl nur

---

[1]) RTA. IV. nr. 311, (15. Mai 1401). [2]) RTA. IV. nr. 312. (26. Mai 1401.) [3]) RTA. IV. p. 367; 16, 17.

eine Nachwirkung von dem Sträuben Pittis, bis er in Bezug auf die Geldforderung aus diplomatischen Rücksichten nachgab, während er andrerseits allem Anscheine nach es auch nicht unterliess, auf die voraussichtliche Annahme der Bedingungen von Florenz, so schwer sie auch seien, hinzuweisen. Denn wir können aus verschiedenen Regierungsakten deutlich erkennen, dass Ruprecht jetzt schon völlig von dem Zustandekommen des Zuges überzeugt war. So erhielt Franz von Padua von ihm eine Vollmacht, in Sachen des „de proximo" stattfindenden Zuges zu verhandeln, besonders aber Venedig zu gewinnen[1]).

Unter ausdrücklicher Betonung, dass es sich um die Beschlussfassung über den Zug nach Italien handle, wurden dann Fürsten und Städte zu einem Reichstag nach Mainz auf den 29. Juni berufen[2]). Bis dahin, mochte man hoffen, würde wohl die Bestätigung des Nürnberger Entwurfs von Florenz eingetroffen sein. In der Zwischenzeit war man natürlich auch nicht müssig: so wurden die Städte aufgefordert, ihre Boten zum 12. Juni nach Mainz zu senden[3]), um mit den Räten des Königs „zu reden umbe hulffe und dienste uns zu deme selbe tzoge zu dun[4])". Und an die Grafen und Herren in Deutschland, vermutlich ebenfalls wegen des Heeresdienstes, wurde Bischof Konrad von Verden bevollmächtigt[5]).

Wie sehr der Plan eines Romzuges in Deutschland Aufsehen erregte, vermag man schon aus der so überaus zahlreichen Beteiligung an dem Reichstag zu Mainz ersehen[6]), auf dem natürlich die Berathung über den Zug im Mittelpunkt des Interesses stand. Hier gelangte man endlich[7]) zu einer, wie es schien, endgiltigen Vereinbarung mit Florenz, deren Inhalt uns Pitti überliefert[8]): wenn Ruprecht sich mit Heeresmacht den ganzen kommenden September in der Lombardei aufhält, werden seinem Kommissär in Venedig 50.000 Duk., und dann in 3 Raten di tempo a tempo weitere 150.000 Duk. ausbezahlt[9]).

---

[1]) RTA. IV. nr. 313.   [2]) RTA. IV. p. 401.   [3]) RTA. IV. nr. 344.
[4]) RTA. IV. nr. 345.   [5]) RTA. IV. nr. 287.   [6]) RTA. IV. p. 401, 402.
[7]) Dopo molti consigli e pratiche tenute. RTA. IV. p. 362; 18.   [8]) —. p. 362. art. 9.   [9]) Dieser Abschnitt bei Pitti erregt einigen Verdacht,

Ein Vergleich mit dem Entwurf, der in Nürnberg aufgesetzt war, zeigt eine entschiedene Modifizierung im florentinischen Interesse: die Florentiner mochten wohl nicht zum voraus als erste Rate 110.000 Duk. riskieren, sondern wollten erst den Erfolg abwarten. Leider sind die näheren Bestimmungen nicht erhalten: aber so viel erscheint sicher, dass man in Mainz einen definitiven Vertrag geschlossen zu haben glaubte, wie nun auch Ruprecht nicht mehr zögerte, die Privilegien von Florenz in vollem Umfange zu bestätigen und die Stadtobrigkeit zum Generalvikar zu ernennen[1]). Auf Grund dieses Vertrages mit Florenz stand dem königlichen Aufgebot nichts mehr im Weg: „mit unseren kurfürsten und etlichen anderen unsern und dez richs fursten, graven und herren rate" werden die Reichsstädte, und so jedenfalls auch die Fürsten und Herren des Reiches, aufgefordert, mit der üblichen Glevenzahl sich „of unser frauwentag" (8. September) zu Augsburg am Lech einzustellen, um wegen der Krönung „uber berge gein Lamparthen" zu ziehen.

Alles schien aufs beste von statten zu gehen: noch eine grosse Zahl anderer Reichsangelegenheiten, welche zum teil auch gewisse Beziehungen zum Romzuge hatten, wurden rasch erledigt[2]). Grösseres Interesse nimmt die Anwesenheit zweier päpstlicher Gesandten in Mainz[3]) in Anspruch; wir wissen zwar nicht, mit welchem Auftrag sie gekommen, wir können aber vermuthen, dass sie die ungünstige Wirkung der Gesandtschaft Montecatinos abschwächen sollten, was ihnen auch insoweit gelungen zu sein scheint, als bald darauf auch Ruprecht durch einen besonderen Gesandten, den Protonotar Albrecht, die Verhandlungen mit der Kurie wieder aufnahm[4]). Auch

---

wenn man bedenkt, dass sowohl in Nürnberg, als auch späterhin in Augsburg, und auch bei den Berathungen des florentinischen Rates am 28. Juli jeweils von einer Zweiteilung, mit 110.000 fl. als erster Rate die Rede ist. (s. Beil.).

[1]) RTA. IV. nr. 358. [2]) RTA. IV. Tag zu Mainz, Juni-Juli 1401.
[3]) RTA. IV. p. 476; 10, 11. Diese beiden Boten sind vielleicht mit den RTA. IV. p. 2 und 3 genannten päpstlichen Gesandten zu identifizieren.
[4]) RTA. IV. nr. 10—14.

mögen sie nicht ohne Einfluss auf die Beschlussfassung des
Romzuges, mit dem ein besonderer Wunsch des Papstes erfüllt
zu werden schien, gewesen sein.

Da traf den König eine schwere Enttäuschung[1]): man hatte
die Ausschreiben ins Reich versandt in der festen Hoffnung,
dass alle Verabredungen, die man getroffen, ausgeführt werden
könnten. Nun aber erklärten die deutschen Kaufleute, welche
versprochen hatten, Ruprecht die ihm von Florenz in Aussicht
gestellten 50.000 Duk. nicht zahlen zu können, da ihre
Geschäftsfreunde in Venedig ihnen den Kredit verweigerten,
nachdem sie in Erfahrung gebracht, wozu das Geld verwandt
werden sollte. Gegen diese Erklärung halfen weder Bitten noch
Drohungen: das Geld war von den Kaufleuten nicht zu bekommen.
Die Lage des Königs war so eine höchst peinliche: er selbst
war finanziell ganz und gar machtlos; aber seine Ehre verlangte
die Ausführung des Beschlusses. In seiner Not wandte er sich
an Pitti, der wohl merkte, dass jetzt der ganze Plan in Gefahr
stand zu scheitern, mit der Bitte, möglichst rasch nach Florenz
zu eilen, um von dort wenigstens 25.000 Duk. ihm nach
Augsburg entgegenzuführen. In eindringlichen Worten schilderte
er Pitti gegenüber, wie in dessen Vollmacht an Florenz, seine
bedrängte Lage; ohne genügende Geldunterstützung könne zu
seinem und der Florentiner Schaden in diesem Jahre aus dem
Zuge nichts werden. Trotz alles Sträubens Pittis, der wohl
ahnte, dass die Reise nutzlos sein würde, musste sich dieser,
um Ruprecht zu Gefallen zu sein, auf den Weg machen, doch
kaum ohne den König unter Vorspiegelungen auf die Hilfe
der Florentiner zu weiteren Rüstungen zum Zuge zu bestimmen.

Denn wie wäre es sonst möglich gewesen, dass Ruprecht bei
einer solchen Sachlage noch die Hoffnung hegen konnte, durch
die Absendung Pittis von Florenz sogar 110.000 Duk. in baarem
Gelde zu erhalten, ja sogar zwei Gesandte bevollmächtigte, eine solche
Summe zu erheben[2]), und wegen des Geleits von „100.000 gulden
oder ein wen'g me" mit den Herzögen von Oesterreich, oder

---

[1]) Für das Folgende wieder Pitti, l. c.   [2]) RTA. IV. nr. 361.
(20. Juli 1401) für Konrad von Freiberg und Johann von Mittelburg.

wenn diese sich weigerten, mit Venedig oder Padua zu verhandeln[1])? Bei einem anderen Charakter, wie dem Ruprechts, könnte man auf den Gedanken kommen, dass dies alles nur fingiert sei, um im Reiche dem Zweifel an einem Zustandekommen des Zuges den Boden zu entziehen, wenn sich das Gerücht von dem bevorstehenden Eintreffen solcher Geldsummen verbreitete; bei Ruprecht aber ist das eben ein neuer Beweis seines unverkennbaren Optimismus, mit dem er sich gerne über unangenehme Situationen hinwegtäuschte. Wir werden noch öfters Gelegenheit haben, diesen für ihn so unheilvollen Charakterzug zu bemerken und zu verurteilen. Wie hinterlistig Florenz dem Könige gegenüber verfuhr, zeigen uns am besten die Verhandlungen der signori: zwar erkannte man die Notwendigkeit der Ankunft Ruprechts an; darum soll man ihn durch Versprechungen zum Zuge bewegen, aber diesen, nur wenn es sich nicht anders machen liesse, nachkommen. Man dachte wohl gegen ihn gerade so zu verfahren, wie gegen den Grafen von Armagnac. Ruprecht aber zweifelte keinen Moment an der Vertragstreue der Florentiner.

Als einen wichtigen Erfolg konnte es Ruprecht betrachten, dass jetzt auch die Herzöge von Oesterreich für ihn gewonnen wurden. Besonders angenehm war dabei, dass er nur verpflichtet war, „zu Lamparten etwaz stette oder geslosse" ihnen als Lohn aus der Beute zuzuteilen[2]). Dass unter diesen Städten Verona, Vicenza und andere, die auch Franz von Padua aus der Beute für sich erhoffte, gemeint waren, ist klar; man wollte die Städte nur nicht nennen, um nicht den anderen Anwärter zu verletzen. Ruprecht musste eben den Forderungen der Herzöge nachgeben, da alle Verhandlungen mit den Eidgenossen der Schweiz und mit dem Grafen von Savoyen, um durch deren Gebiet Durchzug zu erlangen, ohne Erfolg blieben, abgesehen davon, dass es nicht wünschenswert erschien, so weit weg von Padua, ohne jeden militärischen Rückhalt zu haben, den Kampf mit Mailand zu eröffnen.

Die Brennerstrasse konnte allein für ihn in Betracht kommen: aber sollte sich der König sogleich an den Mauern

---

[1]) RTA. IV. nr. 357.   [2]) RTA. IV. p. 424; z.

des äusserst festen Verona, das den Ausgang des Passes gegen die Poebene beherrschte, den Kopf zerschellen? Soweit aber traute Ruprecht den Vorspiegelungen der italienischen Grossen doch nicht, dass er dem Glauben verschenkt hätte, wenn Wilhelm de Castala, Podestà von Padua, ihm schrieb[1]), keine Macht der Welt könne es verhindern, dass eben jenes Verona sofort bei des Königs Erscheinen ihm zufalle. Sicher war es Franz von Padua, der mit der grössten Bereitwilligkeit ihn stets von den Vorgängen in Italien unterrichtete[2]), der einen massgebenden Einfluss bei den militärischen Beschlüssen ausübte. Auf ihn wird dann auch zurückzuführen sein, dass schon am 10. Juli ein Angriff auf das wichtige Brescia ins Auge gefasst wurde[3]). Dort, in den Bergen bei Brescia, waren zahlreiche Adelsfamilien angesessen, welche nur mit Grimm der Herrschaft Mailands sich beugten, und sehnsüchtig der Ankunft des neuen Königs harrten, um gegen den Feind loszuschlagen. Darum mochte es rathsam sein, mit dieser Partei, an deren Spitze Petrus de Lodrone stand, in Verbindung zu treten. Diesen Feldzugsplan, der immerhin manches für sich hatte, nahm Ruprecht an; er bevollmächtigte zwei Gesandte, von denen Johanniolus von Como, wohl auch ein von Galeazzo vertriebener Edelmann, die Verhältnisse in den Bergen Brescias aus eigener Anschauung kennen mochte, an Petrus de Lodrone und dessen Parteigänger in montanea Brixie[4]): hier sollen sie sich nach den Wegen durch das Gebirge erkundigen, die Strassen, welche das Heer einschlagen könnte, öffnen und herrichten lassen, und für die nötigen Lebensmittel an den Marschstrassen sorgen; am 29. September sollten die dortigen Edelleute den Kampf gegen Mailand beginnen; er selbst werde zu derselben Zeit den Boden Italiens mit seinem Heere betreten[5]).

Damit war der Zug nach Italien fest bestimmt: auf dem Reichstage zu Mainz war der Romzug beschlossen und das

---

[1]) Aus f. 40 des cod. 1718 der Laurenziana, der bisher noch nicht benutzt war und gerade für die Zeit Ruprechts manch neues Material enthält, einer Briefsammlung v. J. 1469 (s. fol. 135) Prof. Wille in Heidelberg verdanke ich die Einsicht in den Codex. [2]) RTA. IV. p. 373; 8, 9. [3]) RTA. IV. p. 472; 12. [4]) RTA. IV. p. 439; 40. [5]) RTA. IV. nr. 366. 367 art. 6.

Aufgebot erlassen; am 8. September musste sich dieses in Augsburg zusammenfinden, um dann am 29. September die Feindseligkeiten zu eröffnen. Das Geld, das zum Zuge nötig wurde, war zwar noch nicht vorhanden; aber der König hegte, vertrauend auf die Hilfe von Florenz, die feste Hoffnung, es noch rechtzeitig und in genügender Menge zu bekommen.

Inzwischen rüstete man sich auch in Italien zu dem bevorstehenden Kampfe. Hierbei kam es vor Allem auf die Stellung an, die Venedig beobachten werde. Bisher war es, wie wir gesehen, entschieden neutral geblieben; nichts gab ein Anzeichen, dass es geneigt sei, aus seiner Neutralität herauszutreten. Trotzdem wurden immer neue Versuche gemacht, es auf die eine oder die andere Seite zu ziehen. Von Ruprecht war zu solchen Verhandlungen Franz von Padua bevollmächtigt; zugleich liess er durch den nach Padua zurückkehrenden Gesandten Dorde dem Rate von Venedig von den mit Florenz zu Nürnberg getroffenen Vereinbarungen und von seinem in Aussicht stehenden Romzuge Mitteilungen machen[1]). Aber die Antwort[2]) enthielt wieder nichts, ausser den „gewohnten Versicherungen der Höflichkeit"[3]): Die Signorie hoffe, unter Beteuerung ihres Wohlwollens gegen das bairische Haus, und besonders gegen den König, dass auch der Romzug ihm zum Ruhme, dem Reiche und der Christenheit zum Heile ausfallen möge, aber mit dem bezeichnenden Zusatze „cum quiete et pace Italiae", trotzdem ihr doch der eigentliche Zweck des Zuges aus dem Vertrage mit Florenz bekannt war.

Dieser nämlichen Tendenz, Hüterin des Friedens in Italien zu sein, entsprach es auch, dass die Signorie Franz von Padua entschieden riet, alles zu vermeiden, was dem Herzog von Mailand irgendwie Anlass geben könnte, den Krieg zu beginnen; sollte jedoch Mailand dem Frieden gefährlich werden, so sei auch sie bereit, geeignete Gegenmassregeln zu ergreifen; im übrigen sei ihr von mailändischen Rüstungen, von denen Franz

---

[1]) RTA. IV. nr. 309, 310 art. 1.   [2]) RTA. IV. nr. 310 art. 2ff. (17. Juni 1401).   [3]) Le Bret, die Staatsgeschichte der Republik Venedig. I. Teil, II. Abt. p. 279.   [4]) RTA. IV. nr. 262.

ihr berichtet habe, noch nichts bekannt. Und dieselbe Antwort erhielt der Herzog von Mailand auf seine Beschwerden über Padua und Florenz[1]). Solcher Redensarten bedurfte eben die Politik der Neutralität: man musste sich den Anschein geben, als stehe man zwischen den Parteien, eifrigst bemüht, alle Beschwerden beizulegen, ohne sich auch nur im geringsten zu verpflichten. Wieder als man in Mainz definitiv den noch in diesem Jahre 1401 stattfindenden Zug beschlossen hatte, schickte Ruprecht eine neue Gesandtschaft nach Venedig ab, um unter dem Eindruck jenes Beschlusses nochmals zu versuchen, es zum Bündnis mit ihm zu bewegen[2]). Es war aber schwerlich von dem Könige klug, dass er in der Instruktion für seine Gesandten noch ausdrücklich hervorhob, dass er nur „mit grossen kosten, arbeit und kummernisse" das Reich fast ganz gebracht, und nun wiewol er vaste sich verkostiget und dass sin usageben habe[3]), doch den Zug nach Italien unternehme, für den er um den Beistand Venedigs bitte[4]).

Eigentlich hätte es doch in seinem Interesse gelegen, seine misliche finanzielle Lage nicht bekannt werden zu lassen; jedenfalls war es kaum ein gutes Mittel, sich neue Verbündete zu erwerben, wenn er nicht etwa diesen gegenüber gleichsam sich entschuldigen wollte, dass er in ein thatsächlich recht schimpfliches Vertragsverhältnis mit Florenz sich eingelassen. Auf der anderen Seite ruhte auch Galeazzo nicht mit Versuchen, nicht etwa Venedig auf seine Seite zu ziehen, sondern vielmehr es nur zu bestimmen, Farbe zu bekennen. Ein meisterhaft diplomatischer Schachzug war es, dass er an den Rat sowohl ein Schreiben Ruprechts, in dem dieser ihn des Giftversuches beschuldigte, als auch seine eigene Verteidigung zur Begutachtung übersandte. Denn entweder erkennt der Rat diese als glaubwürdig an, dann bezichtigt er den König der Verläumdung, oder erklärt Galeazzo als Giftmörder. Zwei Tage lang dauerten die Verhandlungen in dieser Frage, bis man schliesslich auch eine ganz vortreffliche

---

[1]) RTA. IV. nr. 262. [2]) RTA. IV. nr. 362. (20. Juli 1401). [3]) RTA. IV. p. 437; 15—18. [4]) RTA. IV. nr. 363.

Antwort fand: man bedauert die ganze Angelegenheit, und hofft, es möge seine Unschuld an den Tag kommen[1]).

An dieser Stelle mag noch der Verhandlungen Ruprechts mit König Martin von Aragonien gedacht werden, die jetzt in so fern eine festere Gestalt annahmen, als Ruprecht eine aragonesische Hilfsflotte unter dem Kommando des Admirals Jacobus de Pratis verlangte. Diese soll sich, etwa 10 Galeeren stark, im „pisischen Meere" zeigen, um etwaige Unternehmungen der florentinischen Landmacht gegen Pisa zu unterstützen[2]). Kam dieser Vorschlag zur Ausführung, so musste Galeazzo seine Truppenmacht zersplittern; andrerseits konnte auch Florenz hoffen, bei dieser Gelegenheit sich wieder den Zugang zum Meere zu öffnen, der ihm jetzt durch Uebergang Pisas in mailändische Hände versperrt war. Indess blieb es bei dem Plane, da sich die Erfolglosigkeit des deutschen Angriffes auf Mailand zu bald herausstellte, Galeazzo aber ganz gut einen Teil seines Heeres vom lombardischen Kriegsschauplatze nach Toscana entsenden konnte, so dass auch den Florentinern die Möglichkeit zu grösseren Operationen genommen war.

Doch wenden wir uns den Rüstungen Ruprechts in Deutschland selbst zu; sie waren, wie wir gesehen haben, trotz der ablehnenden Haltung der deutschen Kaufleute, nicht unterbrochen worden. Indess kann es nicht meine Aufgabe sein, näher auf die Verhandlungen mit den einzelnen Reichsständen wegen der Beteiligung an dem Zuge einzugehen: man findet die diesbezüglichen Zusammenstellungen vollständig in den Reichstagsakten[3]). Die Summe dieser ist in zwei Kostenüberschlägen[4]) zu dem ersten Monat gezogen, von denen für uns der zweite der massgebende ist. Im Ganzen sind ungefähr 3200 Gleven zu je 3, bei der Leibwache des Königs und der Königin zu je 4 Pferden berechnet, mit einem Solde von ungefähr 79.000 fl.[5]),

---

[1]) RTA. IV. nr. 364. 365. (Juli 26. und 28. 1401). [2]) RTA. IV. nr. 369. art. 6—9. [3]) RTA. IV. Reichstag zu Mainz. Juni-Juli 1401. lit. I. ff. [4]) RTA. IV. nr. 390. 391. [5]) Burggraf Friedrich VI. von Nürnberg erklärt, mehr als 25 fl. für die Gleve verlangen zu müssen, worauf jedoch Ruprecht nicht eingehen konnte, weil sonst auch die anderen einen höheren Sold beansprucht hätten. RTA. IV. nr. 377. art. 2.

welche für den ersten Monat vorausbezahlt werden sollten. Immerhin ist diese Summe für einen, der sich „vaste verkostiget" und all das Seine ausgegeben hat, eine recht beträchtliche zu nennen. Jedoch hatte er noch die Hoffnung, dass Pitti das florentinische Geld nach Augsburg bringen würde. Aber ist es nicht unbegreiflich, dass Ruprecht nicht auch die Möglichkeit ins Auge gefasst zu haben scheint, dass das Geld doch ausbleiben könne? Welchen Eindruck musste es machen, wenn der König dann dem Heere, das er zu einem mindestens 3—4 Monate dauernden Zuge aufgeboten, gleich den ersten Monatssold nicht zahlen konnte? Das alles aber scheint er sich nicht überlegt zu haben; und man kann wohl mit Recht sagen, dass eben diese finanzielle Abhängigkeit von dem guten Willen des Bundesgenossen den Miserfolg des ganzen Zuges zur Folge haben musste.

Bevor Ruprecht den Zug über die Alpen antrat, mochte es wohl gut scheinen, mit Wenzel in Unterhandlungen zu treten, um wenn irgend möglich friedlich sich mit ihm auseinanderzusetzen. Dabei hat Wenzel einen höchst merkwürdigen Vorschlag gemacht: Ruprecht solle König bleiben, Wenzel jedoch die Kaiserwürde sich erwerben. Darauf konnte Ruprecht auf keinen Fall eingehen: denn um Kaiser zu werden, müsse man deutscher König sein; das sei jener aber nicht, da er rechtmässig abgesetzt sei; Ruprecht selbst müsste dann vorher die Krone niederlegen; aber ob dann die Kurfürsten bei der Neuwahl Wenzel wählten, erscheine ihm zum mindesten zweifelhaft[1]). Da aber auch Ruprechts Forderungen an Wenzel nicht gerade bescheiden waren, so war es nicht zu verwundern, dass sich die Unterhandlungen über ein friedliches Uebereinkommen zerschlugen. Um aber Wenzel die Möglichkeit eines Eingreifens in Deutschland während des Romzuges zu nehmen, musste man ihn im eigenen Lande festhalten. Zu diesem Zwecke sehen wir Ruprecht in enge Beziehungen zu der böhmischen Adelsopposition, mit Jost von Mähren an der Spitze, treten[2]). So konnte sich in Deutsch-

---

[1]) RTA. IV. nr. 302. art. 1.   [2]) RTA. IV. nr. 393 396.

land das Gerücht verbreiten, die Heeressammlung in Augsburg habe nicht den Romzug, sondern einen neuen Krieg mit Wenzel im Auge[1]). Und so sehr rechnete man mit dieser Möglichkeit, dass Strassburg sich beeilte, seinen Gesandten den Auftrag zu geben, sich in Mainz nach der Stellung der übrigen Städte zu dieser Frage zu erkundigen.

Thatsächlich konnte darüber kein Zweifel herrschen, dass Ruprechts Ueberzeugung dahin ging, dass nur auf dem Boden Italiens die Entscheidung zwischen ihm und Wenzel fallen könne; die Kaiserkrönung in Rom musste sie zu seinen Gunsten wenden.

---

[1]) RTA. IV. p. 480; 4.